Comentarios de un Bombero Forestal al Convenio Colectivo de personal laboral JCyL 2013

35 comentarios al Convenio Colectivo

Autor: Javier Molinero
moli.javi@gmail.com
Septiembre 2016

A todos y todas los y las bomberos forestales, que a pesar de las terribles condiciones de trabajo, mal equipados y peor pagados, dan cada día lo mejor de sí mismos para evitar que el fuego destruya la vida.

Artículo 10
"... Queda exceptuado el personal fijo discontinuo ..."

Esta frase hace que el personal fijo discontinuo no pueda participar en el concurso de traslados del personal laboral. Es discriminante dejar una parte del colectivo de personal laboral fuera del concurso de traslados.

El personal fijo discontinuo, para acceder a RPT en propiedad, ha pasado una oposición en las mismas condiciones que cualquier otro miembro de personal laboral.

Entra en conflicto con el espíritu del artículo 89.2 b del mismo Convenio Colectivo sobre faltas disciplinarias muy graves "Toda actuación que suponga discriminación ..."

Se sugiere eliminar esta excepción y permitir al personal fijo discontinuo participar en igualdad de condiciones en la provisión de vacantes.

Artículo 19, párrafo séptimo
"En los lugares de difícil acceso será obligación de la Administración el facilitar los medios de transporte adecuados"

Este punto se incumple sistemáticamente en los puestos de vigilancia de incendios, en los que actualmente se obliga a los trabajadores a usar sus propios medios de desplazamiento independiente de las condiciones de acceso, que habitualmente son sólo aptos a vehículos todoterreno dispuestos a afrontar fuertes pendientes, terrenos resbaladizos, grandes baches y rayones en la pintura debido a la vegetación.

No debe servir de excusa el párrafo 3 del artículo 116 "Los medios de locomoción hasta el lugar de prestación de los servicios son de cuenta de trabajador".
Esta frase es claramente discriminante y entra en conflicto con el espíritu del artículo 89.2 b del mismo Convenio Colectivo sobre faltas disciplinarias muy graves "Toda actuación que suponga discriminación …"
El artículo 116 no hace referencia a si el acceso es difícil. Por tanto, atendiendo al principio legislativo *in dubio pro actione*, en caso de duda a favor del administrado, debe permanecer el espíritu del artículo 19, párrafo 7

Se sugiere cumplir el Convenio y facilitar a los trabajadores medios de transporte.

Artículo 20, párrafo 1
"… necesario establecer una política estable y predecible de promoción …"

En el área funcional de incendios forestales no ha existido ni existe en la actualidad promoción profesional.
Esta situación es causa de desmotivación para el personal de extinción.

Se sugiere cumplir el Convenio.

Artículo 20, párrafo 3

"... por la Administración se facilitará la promoción interna, ... hasta el cien por cien de las plazas vacantes ..."

En el área funcional de incendios forestales no ha existido ni existe en la actualidad promoción profesional.
En el proceso selectivo por concurso oposición para plazas de operador de CAM/CPM (BOCyL 19 de julio de 2016) el número de plazas ofertadas a promoción interna ha sido cero.

Se sugiere cumplir el Convenio y proveer plazas de promoción interna.

Artículo 22.2
"... cumplir los requisitos de titulación ... exigidos."

Sobre la promoción profesional, la Constitución Española, en el artículo 35 dice "Todos lo españoles tienen ... derecho ... a la promoción a través del trabajo ..."
La Constitución Española habla de la promoción a través del trabajo y no de promoción a través del trabajo y titulación.
El artículo 22.2 del Convenio Colectivo puede estar incumpliendo la Constitución al exigir titulación para promocionar profesionalmente.

Sirva como ejemplo el Cuerpo Nacional de Policía en el que desde la escala básica, a través de tiempo mínimo de servicio y superación de exámenes se puede promocionar a la escala de oficiales sin título universitario.

Cabe señalar que para ser jefe de jornada de extinción de incendios se requiere título universitario, siendo válido el título de Ingeniero de Montes, en el que la asignatura incendios forestales es un módulo optativo, pudiendo darse el caso de un jefe de jornada que no ha visto teoría de incendios forestales, a la vez que se impide a un técnico de grado medio (antigua fp) de la rama Forestal promocionar más allá de grupo III habiendo cursado 9 meses del módulo obligatorio Incendios Forestales.

Se sugiere cumplir la Constitución Española y eliminar del artículo 22.2 del Convenio Colectivo el requisito de titulación.

Artículo 30
"... en poblaciones de menos de 2.000 habitantes, ... podrá acordarse la realización de una convocatoria específica ..."

Existe riesgo en realizar convocatorias específicas para cubrir puestos de trabajo específicos. Esta situación puede generar con facilidad situaciones de corrupción en las que se sabe quién va a ser el seleccionado para el puesto antes de que comience la fase de selección.
Esta selección específica para puestos específicos no se da en otros cuerpos como por ejemplo Agentes Medioambientales.

En el caso de que existan puestos de difícil cobertura basta con mejorar las condiciones del puesto para que dejen de ser de difícil cobertura. Parece poco razonable buscar una persona que acepte condiciones de trabajo poco dignas a través de una selección exclusiva. Parece más lógico mejorar las condiciones del puesto hasta que al menos se iguale con las condiciones de otros puestos y su cobertura dejé de ser difícil.

En todo caso, se presta innecesariamente a dudas y confusión el realizar diferentes procesos selectivos para una misma categoría y especialidad.

Se sugiere eliminar el artículo 30

Artículo 34.1
"... reducción de la temporalidad ..."

Las plazas de duración inferior a la jornada ordinaria anual suponen un agravio comparativo y discriminación en los derechos de los trabajadores con relación de trabajo discontinua.

Siguiendo el espíritu del artículo 34 se sugiere convertir las RPT de Fijos Discontinuos en Fijos Continuos.

Artículo 34.2
"La Administración aplicará las medidas necesarias para evitar que las tareas propias de empleados públicos sean realizadas por trabajadores de empresas de servicios o de trabajo temporal, ..."

El fuego no debe ser un negocio.
Las empresas privadas se crean con un fin, ganar dinero.

Con los servicios de Salud y Emergencias no se puede ni se debe ganar dinero. La finalidad de los servicios de Salud y Emergencias es el bien público.
Los servicios de Salud y Emergencias deben ser públicos.

El salario de los trabajadores de Emergencias es pagado en su totalidad por la Administración.

Las empresas subcontratadas por la Administración pagan a los trabajadores aproximadamente el 50% del salario que la Administración paga por ellos.

Es un agravio comparativo que los trabajadores subcontratados cobren la mitad que sus compañeros contratados directamente por la Administración.

La Administración no debe subcontratar personal.

Los trabajadores de las cuadrillas de tierra y helitransportados son personal subcontratado.

Se sugiere cumplir el Convenio y contratar a todo el personal directamente desde la Administración.

Artículo 34.6
"La Administración informará ... a través de los tablones de anuncios de los centros de trabajo"

Los trabajadores de incendios carecemos de centro de trabajo establecido y de tablones de anuncios.

Los trabajadores de incendios no tenemos modo de conocer la información de la Administración.

Se sugiere que la Administración informe a través del portal web de la Junta de Castilla y León.

Artículo 35.3.2, párrafo 2
"... Los aspirantes sólo podrán solicitar la inclusión en la Bolsa de una sola provincia."

En este punto se discrimina de forma generalizada a todos los aspirantes al impedirles participar en las bolsas de empleo de ocho provincias. El punto entra en conflicto con el espíritu del artículo 89.2 b del mismo Convenio Colectivo sobre faltas disciplinarias muy graves "Toda actuación que suponga discriminación ..."

Se sugiere admitir la participación de todos los aspirantes en las bolsas de empleo de todas las provincias.

El párrafo segundo, del punto 3.2, del artículo 35, "... Los aspirantes sólo podrán solicitar la inclusión en la Bolsa de una sola provincia." afecta sólo al punto 3.2, es decir, ausencia o insuficiencia de Bolsas derivadas de la oferta de empleo público.
El párrafo segundo, del punto 3.2, del artículo 35 se está aplicando también y de forma incorrecta al punto 3.1 del mismo artículo. Actualmente a los aspirantes de las bolsas de empleo derivadas de las ofertas de empleo público se les impide la participación en las bolsas de 8 provincias, siendo esta actuación contraria al convenio y por tanto contraria a norma.

Se sugiere cumplir el Convenio y permitir la participación de los aspirantes de las bolsas de empleo derivadas de las ofertas de empleo público en una única bolsa de toda la Comunidad Autónoma o bien en las bolsas de todas las provincias de la Comunidad Autónoma.

Artículo 41, Grupo I:
"... Requieren titulación académica universitaria..."

En la sociedad española, en la que los costes de acudir a la universidad, matrícula, tasas, manutención, alojamiento, deben ser pagados por los alumnos y no existen ayudas públicas para los alumnos. Obtener titulación académica requiere que el alumno tenga acceso a dinero, algo que no todos los trabajadores tienen.
Requerir titulación universitaria para acceder a un grupo implica discriminar a aquellos que por falta de recursos económicos no pudieron acceder a estudios universitarios.
El punto entra en conflicto con el espíritu del artículo 89.2 b del mismo Convenio Colectivo sobre faltas disciplinarias muy graves "Toda actuación que suponga discriminación ..."

Sobre la promoción profesional, la Constitución Española, en el artículo 35 dice "Todos lo españoles tienen ... derecho ... a la promoción a través del trabajo ..."
La Constitución Española habla de la promoción a través del trabajo y no de la promoción a través del trabajo y la titulación. Atendiendo al derecho a la promoción parece que este artículo del Convenio incumple la Constitución al exigir titulación para promocionar.

Se sugiere cumplir el Convenio y la Constitución y no exigir titulación para acceder a grupo profesional.

Artículo 41, Grupo II:
"... Requieren titulación académica universitaria..."

En la sociedad española, en la que los costes de acudir a la universidad, matrícula, tasas, manutención, alojamiento, deben ser pagados por los alumnos y no existen ayudas públicas para los alumnos. Obtener titulación académica requiere que el alumno tenga acceso a dinero, algo que no todos los trabajadores tienen.
Requerir titulación universitaria para acceder a un grupo implica discriminar a aquellos que por falta de recursos económicos no pudieron acceder a estudios universitarios.
El punto entra en conflicto con el espíritu del artículo 89.2 b del mismo Convenio Colectivo sobre faltas disciplinarias muy graves "Toda actuación que suponga discriminación …"

Sobre la promoción profesional, la Constitución Española, en el artículo 35 dice "Todos lo españoles tienen … derecho … a la promoción a través del trabajo …"
La Constitución Española habla de la promoción a través del trabajo y no de la promoción a través del trabajo y la titulación. Atendiendo al derecho a la promoción parece que este artículo del Convenio incumple la Constitución al exigir titulación para promocionar.

Se sugiere cumplir el Convenio y la Constitución y no exigir titulación para acceder a grupo profesional.

Artículo 42.1
"… derecho a … la realización de cursos de perfeccionamiento … , de formación general, … apoyo a la promoción y reconversión …"

A los trabajadores de extinción de incendios se les da un curso de capacitación para el puesto que no viene en Convenio y ningún curso de los que aparecen en Convenio.

Se sugiere cumplir el Convenio y dar algún curso

Artículo 48
"Complementos personales: Antigüedad"

Este complemento es discriminante hacia los trabajadores que llevan menos tiempo trabajando en Administración y entra en conflicto con el espíritu del artículo 89.2 b del mismo Convenio Colectivo sobre faltas disciplinarias muy graves "Toda actuación que suponga discriminación …"

A veces se arguye que este complemento retribuye el supuesto mejor hacer de los trabajadores que llevan más tiempo.
La experiencia demuestra que no por llevar más tiempo empleado un trabajador es más eficiente.

Se sugiere eliminar este complemento y su retribución total estimada repartirla de forma igual a todos los trabajadores.

Artículo 48 párrafo primero
"… cada 3 años de servicios completos …"

El Convenio no dice si una campaña de incendios es un año completo. La Administración interpreta que una campaña son tres meses y requiere a los trabajadores de extinción de incendios trabajar 12 años para cobrar un trienio.

Esta situación es injusta, discriminante y degradante para el personal de incendios.

Se sugiere a la Administración interpretar el Convenio a favor de administrado conforme al principio *in dubio pro actione* y contar las campañas como años a efectos de trienios.

Artículo 60
"Complementos de disponibilidad"

Retribuye la prestación de servicios en régimen de flexibilidad horaria. Para saber qué es flexibilidad horaria ver artículo 64.

Todos los trabajadores de extinción de incendios trabajamos en régimen de disponibilidad horaria máxima.

No percibimos complemento de disponibilidad.

Se sugiere cumplir el Convenio y pagar el complemento de disponibilidad.

Artículo 64.4
"... El número de horas ordinarias ... no podrá ser superior a 9 diarias, ampliables a 10 ... se podrá ampliar el límite ... hasta ... 12 horas ... al personal, en funciones de vigilancia, ... siempre que exista un lugar adecuado a que puedan descansar ..."

El personal de vigilancia de incendios trabaja más de 10 horas continuadas sin lugar adecuado para descansar.

Se sugiere cumplir el Convenio y habilitar lugares adecuados para descansar o limitar el servicio a 10 horas.

Artículo 64.5
"Se garantiza un descanso diario de 30 minutos …"

El personal de extinción de incendios no tiene descanso diario.

Se sugiere cumplir el Convenio y dar 30 minutos de descanso diario al personal.

Artículo 66.1 a, párrafo segundo
"… descanso … en un fin de semana de cada dos …"

Algunas veces no se cumple.

Se sugiere cumplir el Convenio y realizar calendarios de trabajo que cumplan este artículo.

Artículo 66.2
"… se facilitará la posibilidad de efectuar cambios de turno …"

No se facilitan los cambio de turno.

Actualmente se exige desde la Administración comunicación por escrito firmada por ambos interesados en el cambio y enviado por registro, después, esperar la aprobación del órgano competente que puede ser negativa.

Se sugiere cumplir el Convenio. Valdría comunicar vía e-mail o aplicación similar la situación a todos los afectados, ambos interesados y administración.

Artículo 67
"... compensaciones ... guardias de Incendios ... peligrosidad ..."

El personal laboral que trabaja en extinción de incendios no percibe compensaciones por participar en el operativo de prevención y extinción de incendios.

El personal de extinción no percibe guardias de incendios ni peligrosidad.

Se sugiere cumplir el Convenio y pagar guardias de incendios y peligrosidad.

Artículo 69
"Compensación por horas extraordinarias ... acuerdo de ambas partes"

Se obliga al personal de extinción de incendios a aceptar la compensación horaria en vez del abono de horas extras.

Se sugiere cumplir el Convenio y pagar las horas extraordinarias si el trabajador no está de acuerdo en recibir compensación horaria.

Artículo 70.3. párrafo 1
"... antes del 31 de octubre de cada año ... se habrán elaborado calendarios tipo"

Los calendarios de trabajo de extinción de incendios se elaboran con escasos días de antelación al inicio del período de trabajo.

Suelen entregarse como pronto 3 días antes de iniciar el periodo de trabajo y como tarde después de que el trabajador ha comenzado a trabajar.

Se sugiere cumplir el Convenio y elaborar los calendarios al menos antes de que comience el año.

Artículo 72.3
"... vacaciones coincidirán en la franja temporal de cierre."

Este punto Implica recuperar las vacaciones pagadas y no disfrutadas, tal como se hacía antes de la denominada crisis.

Lamentablemente los trabajadores de incendios tenemos demasiado tiempo sin trabajo como para querer disfrutar vacaciones.

Se sugiere cumplir el Convenio y pagar las vacaciones en vez de disfrutarlas.

Artículo 93.1 párrafo primero
"El trabajador tiene derecho a una protección eficaz en materia de seguridad y salud en el trabajo …"

Los puestos de trabajo del personal de extinción de incendios habitualmente carecen de electricidad, calefacción, aislamiento térmico, agua, accesos adecuados, elementos para higienizar el puesto, elementos para la higiene personal del trabajador.

El trabajador está expuesto a temperaturas extremas por debajo de cero grados centígrados y por encima de 35 grados centígrados. Exposición al viento, sol, lluvia y otros agentes atmosféricos. Ruidos continuos de emisoras con funcionamiento deficiente. Riesgo de explosión de baterías. Riesgo de electrocución por rayo. Riesgo de caída a distinto nivel. Jornadas de completa soledad que incrementa el riesgo en caso de emergencia.

Carencia de equipo de protección individual. Carencia de lavabos y retretes. Carencia de lugares de descanso. Espacio de trabajo reducido al extremo de verse obligados a permanecer de pie diez horas en cabinas de menos de 1,7 metros cuadrados.

Se sugiere y recomienda cumplir la legislación vigente en materia de salud y seguridad en el trabajo.

Artículo 96.1 párrafo segundo.
"... Equipos de Protección Individual ..."

A menudo los trabajadores carecen de equipo de protección individual.

Se sugiere cumplir el Convenio y entregar a los trabajadores equipo de protección individual.

Artículo 105

El personal fijo discontinuo de la Administración está en situación clara de discriminación respecto al personal fijo continuo, vulnerando así el espíritu del artículo 89.2 b del mismo Convenio Colectivo sobre faltas disciplinarias muy graves "Toda actuación que suponga discriminación ..."

Al personal fijo discontinuo se le exige para acceder a su condición lo mismo que al personal fijo continuo, aprobar una prueba selectiva por el método de oposición-concurso. Sin embargo, al personal fijo discontinuo sólo se le remunera una fracción respecto al personal fijo continuo, llegando la diferencia a superar tres cuartas partes del total anual, es decir, un fijo continuo es remunerado con 4 partes en cómputo anual mientras su homólogo fijo discontinuo recibe solo una parte de 4 en el mismo periodo.

El artículo 35 de la Constitución Española dice "Todos los españoles tienen ... derecho al trabajo ... y a una remuneración suficiente para satisfacer sus necesidades y las de su familia ..."

Los fijos discontinuos tienen negado el cumplimiento del artículo 35 de la Constitución Española, a no alcanzar su remuneración para satisfacer sus necesidades más urgentes y ni de lejos las necesidades de su familia.

Posiblemente es contrario a la Constitución el contrato fijo discontinuo.

Se sugiere cumplir la legislación vigente y convertir al personal fijo con relación de trabajo discontinuo en personal fijo continuo.

Entramos ahora en la parte de fijos discontinuos del operativo de prevención y extinción de incendios. Artículos que no mejoran las condiciones de retribución y trabajo de este personal sometido a mayores niveles de especialización y riesgo en el trabajo, si no que discriminan a este personal reduciendo derechos, retribuciones y empeorando abundantemente las condiciones de trabajo y de vida del personal de extinción respecto de sus homólogos en la Administración.

Artículo 110 párrafo primero
"... periodo ordinario que para cada puesto de trabajo se **establezca** ..."

No se han establecido los periodos ordinarios de trabajo de los puestos.

Los trabajadores de extinción de incendios desconocen cuándo empezarán a trabajar y son avisados con días, habitualmente 2 o 3 días de antelación sobre el inicio de trabajo.

Respecto a este punto puede que se haya malinterpretado, quizá con dolo, el párrafo tercero del mismo artículo que indica que no todos los puestos deben empezar a la vez.

Se sugiere cumplir el Convenio y establecer periodos ordinarios de trabajo.

Artículo 111
"... se considerará lugar de trabajo la comarca forestal ..."

Esta frase es claramente discriminante hacia el personal que trabaja en extinción de incendios. En la práctica es dejar sin centro de trabajo al personal de extinción. Según este artículo el centro de trabajo tiene miles de hectáreas, con lo que resulta imposible que el trabajador tenga aseos o se le paguen km por acceso al puesto.

Este párrafo es vergonzoso, discriminante y posiblemente ilegal.

Se sugiere establecer centros de trabajo.

Artículo 112.2 párrafo segundo
"... la selección de personal temporal se realizará mediante selección directa ..."

Esto es lo que se conoce comúnmente como seleccionar a dedo.

Se sugiere la eliminación de este párrafo.

Artículo 113 párrafo primero
"... convocará anualmente concurso de traslados ..."

Es discriminante y degradante que el personal de extinción no esté dentro del concurso de traslados continuo y permanente.

La Administración no cumple la convocatoria anual de concurso de traslados, siendo hasta ahora convocado el concurso en ciclos de 5 o más años.

Se sugiere cumplir el Convenio y convocar concurso de traslados anual.

Artículo 114 "Reconocimiento médico"

Este artículo contradice al artículo 112 del que una lectura detallada deducirá que el reconocimiento sólo se hace con anterioridad al contrato de trabajo, una vez firmado este el reconocimiento se hace al inicio del periodo de trabajo, es decir, el primer día de trabajo.

El artículo 114, en el párrafo segundo dice que se hará con antelación al operativo. Contradiciendo el artículo 112 y obligando al trabajador a comparecer fuera de horario laboral, situación esta probablemente ilegal.

De la no superación del examen médico se desprende o bien la suspensión de empleo y sueldo temporal, o bien la rescisión del contrato de un empleado de administración fijo. Probablemente de forma ilegal.

La situación es absolutamente discriminante respecto al resto del personal de Administración.

Se sugiere presentarse a reconocimiento médico en horario laboral.

Artículo 118

De la lectura de este artículo se desprende que el calendario laboral de los trabajadores de extinción de incendios está sometido a la voluntad arbitraria de sus superiores. Podría entenderse de la lectura de este artículo que los trabajadores de extinción tienen disponibilidad absoluta durante todo el año percibiendo 3 meses de salario.

Este artículo es discriminante, abusivo, degradante y probablemente ilegal.

Se sugiere la eliminación de este artículo.

Artículo 119, párrafo quinto
"... motosierras, desbrozadoras y similares que requieren solamente la aportación de fuerza física o atención, y que no son constitutivas de un oficio específico"

Si el oficio de motoserrista no existe entonces no existen millones de trabajadores alrededor del planeta. Si el oficio de motoserrista no existe entonces debió ser un sueño los dos años que pasé en la escuela forestal de Coca y una alucinación la tecnología sueca de las marcas Sthill y Husqvarna.

Si el manejo de herramientas de corte provistas de motor de explosión para derribar árboles que pesan toneladas sólo requiere fuerza física y atención. Entonces, reto a cualquiera de los que han firmado este convenio que simplemente arranque una motosierra, se que no lo lograrán, pues en las palabras escritas en este convenio se deduce su amplia ignorancia y mayor desprecio hacia los Trabajadores de Extinción de Incendios Forestales, Bomberos Forestales.

Anexos

En los complementos específicos el peón especializado de Montes tiene código 14, mientras el peón de Montes del operativo de incendios, al que no se reconoce su especialización, tiene grupo 13. Debido a esto percibe menos salario y queda patente el desprecio de la Administración hacia el operativo de incendios.

www.ingramcontent.com/pod-product-compliance
Lightning Source LLC
Chambersburg PA
CBHW071836200526
45169CB00018B/1566